Inhalt

Mineralölindustrie - Der Staat mischt mit im Ölgeschäft

Kernthesen

Beitrag

Fallbeispiele

Zahlen und Fakten

Weiterführende Literatur

Impressum

Mineralölindustrie - Der Staat mischt mit im Ölgeschäft

Autor GENIOS BranchenWissen: A.Schneider

Kernthesen

- Im Ölgeschäft macht sich zunehmender Nationalismus breit. In Russland, Venezuela und Bolivien lässt sich diese Entwicklung sehr gut beobachten.
- Die nationalen Ölgesellschaften der Schwellenländer haben wachsenden Einfluss. Sie sind für über 80 Prozent der weltweiten Ölversorgung zuständig.
- Saudi Aramco gilt vielen schon heute als das wertvollste Unternehmen. Die großen, privatwirtschaftlichen Ölkonzerne Exxon Mobil, Royal Dutch Shell und BP decken nur 15 Prozent des weltweiten Bedarfs.

Beitrag

Exxon Mobil, Royal Dutch Shell und BP die altbekannte Liste der tonangebenden westlichen Ölkonzerne könnte sich schon bald ganz anders lesen. Staatliche Ölfirmen wie Saudi Aramco, China National Petroleum Company oder Rosneft klettern in der Rangliste beharrlich nach oben.

Zu den größten Erdölkonzernen der Welt gehören der amerikanische Branchenführer Exxon Mobil, der europäische Marktführer Royal Dutch Shell und die britische BP. Sie decken zusammen 15 Prozent des weltweiten Bedarfs ab. Diese Konzerne sind privatwirtschaftlich geführt. [Abb.1]

Ein großer Teil der restlichen Ölmacht liegt in den Händen von staatlich kontrollierten Energiekonzernen. Sie unterliegen dem Einfluss der Regierungen von Saudi-Arabien (Saudi Aramco), Russland (Rosneft), China (CNPC), Iran (NIOC), Venezuela (PDVSA), Brasilien (Petrobras), Mexiko (Pemex) oder Nigeria (Nigerian National Petroleum Corporation). Die International Energy Agency bestätigt diesen nationalen Ölgesellschaften (National Oil Companies NOCs) einen wachsenden

Einfluss im Ölgeschäft, weil in den kommenden Jahrzehnten viele neue Ölvorkommen in den Schwellenländern erschlossen werden. Die NOCs sind für über 80 Prozent der weltweiten Ölversorgung zuständig. Die Regierungschefs dieser ölreichen Staaten halten ihren wertvollen Energiesektor fest unter Kontrolle. (1), [Abb.2]

Trend: Nationalisierung

In vielen ölreichen Staaten ist Öl längst eine nationale Angelegenheit. Die saudi-arabische Ölgesellschaft Saudi Aramco beispielsweise wurde 1980 verstaatlicht. Branchenkenner halten Saudi Aramco für das wertvollste Unternehmen im weltweiten Ölbusiness. So schätzt die Unternehmensberatung McKinsey den Marktwert der Firma auf 781 Milliarden Dollar; ExxonMobil mit 457 Milliarden liegt demnach weit dahinter. Saudi Aramco fährt einen expansiven Kurs. Die Gesellschaft fördert derzeit elf Millionen Barrel (à 159 Liter) pro Tag, 2009 sollen es 12,5 sein, langfristig sind 15 Millionen geplant. Saudi-Aramco beschäftigt 3 000 bis 4 000 westliche Ingenieure. (2)

Auch andere Staaten haben inzwischen beschlossen, niemand anderem außer ihnen selbst die Kontrolle über ihre Energieressourcen zu überlassen. In Russland, Venezuela und Bolivien hat ein Trend zu verstärktem Wirtschaftsnationalismus im Ölgeschäft eingesetzt.

Russland: kremlkontrollierte Rosneft setzt sich an die Spitze

Das Paradebeispiel in Sachen Nationalisierung des Ölgeschäfts ist Russland. Russland ist mit 9,79 Millionen Barrel am Tag der weltgrößte Ölproduzent und nach Saudi-Arabien der zweitgrößte Ölexporteur. Ein großer Teil der Förderung wird aber von Russland selbst verbraucht. In den letzten Jahren lässt sich eine fortschreitende Nationalisierung im Gas- und Ölgeschäft beobachten. Russlands politische Führung fährt einen glasklaren Kurs: Der Staat soll jederzeit Zugriff auf die Ressourcen des Landes haben. Damit soll auch das Öl nicht privaten und auch nicht ausländischen Unternehmen gehören. Während vor sieben Jahren der Staatsanteil am russischen Ölsektor bei sieben Prozent lag, beträgt er heute bereits mehr als ein Viertel. (3)

An der Spitze der russischen Erdölförderung und verarbeitung steht seit kurzem der zu 84 Prozent vom Kreml kontrollierte Konzern Rosneft. Noch vor wenigen Jahren sah die Rangliste im russischen

Ölgeschäft ganz anders aus. Die privaten Unternehmen Yukos, Lukoil und die anglo-russische TNK-BP rangierten auf den vordersten Plätzen.

Dann wurde Yukos nach hohen Steuer-Nachforderungen im August 2006 kurzerhand für bankrott erklärt und sein als Kreml-Kritiker geltender Chef Michail Chodorkowski zu neun Jahren Haft nach Sibirien verbannt. Im Mai 2007 wurden jetzt weitere Tochterunternehmen von Yukos unter den Hammer gebracht. Rosneft erhielt den Zuschlag, katapultierte sich so an die Spitze des russischen Ölgeschäfts und verwies Lukoil auf den zweiten Platz. Rosneft liegt bei einer Jahresproduktion von 96,5 Millionen Tonnen, Lukoil bei 95,5 Millionen Tonnen. (4)

Ein anderer russischer Ölbaron fürchtet derzeit, dass ihn das gleiche Schicksal wie Yukos ereilt. Michail Gutseriiew leitet Russneft, momentan die Nummer 9 im russischen Ölgeschäft und ein sehr dynamisch wachsender Konzern. Er vereint 30 Förderunternehmen, fördert 16 Millionen Tonnen Erdöl, hat 630 Millionen Tonnen Reserven, erwirtschaftet 2,9 Milliarden Euro Umsatz und hat einen Unternehmenswert rund 10 Milliarden Dollar. Die russische Staatsanwaltschaft hat gegen Gutseriiew Strafverfahren wegen Steuerhinterziehung und illegaler Tätigkeit eröffnet, der Fiskus fordert 400

Millionen Euro zurück. Man darf raten, wer als Übernahmegesellschaft in den Startlöchern steht: Rosneft und Gazprom. (5)

Venezuela: unfreiwillige Joint Venture

Venezuela hat de facto die gesamte venezolanische Erdölindustrie verstaatlicht. Präsident Chávez ordnete im Februar 2007 per Dekret die Umwandlung von Ölfirmen im Orinoco-Becken zu Joint-Venture-Firmen mit Staatsbeteiligung an. Nur wer der staatlichen Ölgesellschaft Petróleos de Venezuela (PDVSA) eine Kontrollmehrheit von 60 Prozent gewährte, darf als ausländischer Ölkonzern in Venezuela weiterfördern. Die französische Total, die amerikanischen Unternehmen Chevron Texaco, Exxon Mobil und ConocoPhillips, die britische BP, die norwegische Statoil haben eingewilligt. Eni, das größte Unternehmen Italiens, weigert sich noch. Prompt wurde ihm die Förderlizenz entzogen. (6), (7)

Bolivien: 82 Prozent der Einnahmen müssen abgeführt

werden

Bolivien fährt den gleichen Kurs wie Venezuela und verstaatlicht das Erdölgeschäft. Ausländische Firmen wie Spaniens Repsol-YPF und Petrobras aus Brasilien müssen jetzt 82 Prozent ihrer Einnahmen an den Staat abführen und dürfen nur noch 18 Prozent behalten. Zuvor war das Verhältnis umgekehrt. Im Mai vor einem Jahr hatte der Präsident die Besetzung der Öl- und Gasfelder durch das Militär angeordnet und damit den Nationalisierungskampf eröffnet. (8)

Gegentrend: Privatisierung

Den umgekehrten Kurs will der Iran fahren. Um der maroden Wirtschaft auf die Sprünge zu helfen, soll ein großes Privatisierungsprogramm gestartet werden. Dabei soll auch die staatliche Energiewirtschaft eine Rolle spielen. Sogar die Nationale Iranische Oil Company (NIOC), die mit 137,5 Milliarden Barrel 11,4 Prozent der weltweiten Ölvorkommen kontrolliert, soll teilweise privatisiert werden. Auch Anteile an National Iranian Gas, der National Petrochemical Company sowie der National Iranian Oil Refining und Distribution Co. stehen angeblich zum Verkauf. (9)

Folge: Öl wird knapp

Die Einmischung des Staates in das Ölgeschäft und die Abschottung von Auslandsinvestoren hinterlassen Spuren.
In Mexiko beispielsweise wird das Öl knapp. Die staatliche Ölgesellschaft Pemex leidet darunter, dass die mexikanische Gesetzgebung sie einerseits steuerlich schröpft (von 100 Dollar Umsatz fließen 66 in die Staatskasse) und andererseits private Investitionen untersagt. Was übrig bleibt reicht nicht, um neue Ölfelder zu erschließen, die Raffineriekapazität auszubauen oder die Anlagen auf modernstem Stand zu halten. (10)
Auch andernorts zeichnen sich problematische Entwicklungen ab. So lässt sich beispielsweise in Russland beobachten, dass sich die Ölförderung verlangsamt. Die Ölförderung wuchs 2005 um 2,7 Prozent, 2006 nur noch um 2,2 Prozent. (3) Im Iran sind die Anlagen veraltet, der Eigenverbrauch steigt und der Export sinkt.
Die Internationale Energie-Agentur (IEA) warnte bereits davor, dass notwendige Investitionen ausblieben und infolgedessen niedrigere Fördermengen und steigende Rohstoffpreise drohten.

Fazit

Einst waren die nach wie vor als größte Erdölkonzerne gelisteten westlichen Unternehmen im Ölgeschäft tonangebend. Doch allmählich werden die Karten neu gemischt und die Kräfteverhältnisse verschieben sich. Schon jetzt wird nicht mehr Exxon Mobil, sondern Saudi Aramco als mächtigster und wertvollster Ölmulti bezeichnet. Kein Wunder, denn Saudi-Arabien ist mit 36,3 Milliarden Tonnen gesicherte Rohölreserven der ölreichste Staat der Welt. Und die besten Zukunftsaussichten werden nicht diejenigen Unternehmen haben, die gegenwärtig am meisten Öl fördern und das größte Geschäft machen, sondern diejenigen, die künftig noch auf die größten Reserven zurück greifen können.

Fallbeispiele

Exxon Mobil

ist in Deutschland mit Esso-Tankstellen vertreten. Im Februar hatte der Ölkonzern den größten jemals von einem US-Unternehmen erwirtschafteten Gewinn bekannt gegeben. 2006 verdiente der Exxon Mobil 39,1 Milliarden Dollar. Für das erste Quartal gab der Konzern einen Nettogewinn von 9,28 Mrd. Dollar an. Im Vorjahr waren es noch 8,4 Mrd. Dollar gewesen. Der Umsatz lag bei 87,22 Mrd Dollar. Pro Tag entspricht das einem Gewinn von etwa 103 Mio. Dollar und einem Umsatz von rund 970 Mio. Dollar.

Royal Dutch Shell

gab für das erste Quartal einen Nettogewinn von 6,6 Mrd. Dollar bekannt, eine Steigerung von 14 Prozent. Der Umsatz ging im Vergleich zum Vorjahresquartal von 76 Mrd. Dollar auf 73,5 Mrd. Dollar zurück.

British Petroleum (BP)

, hat im ersten Quartal einen Gewinneinbruch verzeichnet: Wegen sinkender Gas- und Ölpreise fiel das Nettoergebnis im Vergleich zum Vorjahreszeitraum um 17 Prozent. Der Gewinn zu Wiederbeschaffungskosten sank um 17 Prozent auf 4,36 Mrd. Dollar, teilte der Ölkonzern mit. Der Umsatz sank von 64,174 auf 62,036 Mrd. Dollar. Bei der Produktion verbuchte BP einen Rückgang von 4,035 auf 3,912 Millionen Barrel Öläquivalent pro Tag.

Zahlen & Fakten

Top 5 Ölkonzerne nach Umsatz und Marktkapitalisierung 2006

Rang	Unternehmen	Land	Umsatz 2006	Börsenwert 2006
			in Milliarden Dollar	
1	Exxon Mobil	Vereinigte Staaten	378	457
2	Royal Dutch Shell	Niederlande	312	230
3	BP	Großbritannien	274	213
4	Chevron	Vereinigte Staaten	210	174
5	Conoco-Philips	Vereinigte Staaten	189	116

Quelle: BP, F.A.Z.-Archiv, Mineralölwirtschaftsverband e.V., Thomson Financial Datastream; Unternehmen

Entnommen aus: Frankfurter Allgemeine Zeitung, 21.05.2007, Nr. 116, S. 23

Die ölreichsten Staaten der Welt

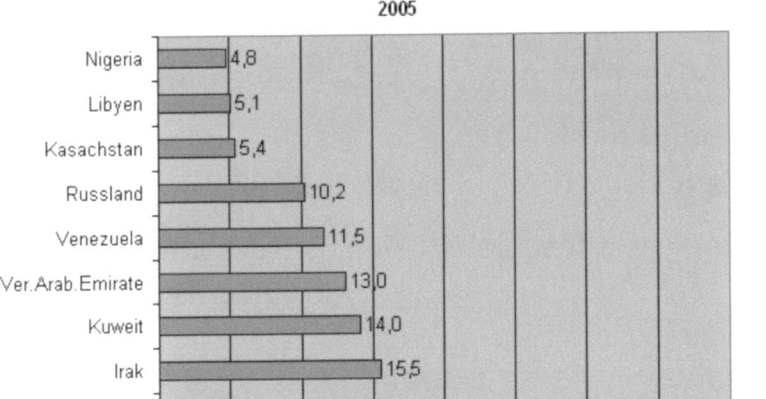

Quelle: BP, F.A.Z.-Archiv, Mineralölwirtschaftsverband e.V., Thomson Financial Datastream; Unternehmen

Entnommen aus: Frankfurter Allgemeine Zeitung, 21.05.2007, Nr. 116, S. 23

Weiterführende Literatur

(1) Privat gegen staatlich
aus Frankfurter Allgemeine Zeitung, 21.05.2007, Nr.

116, S. 23

(2) Generation Golf II
aus Manager Magazin, 25.05.2007, Nr. 6, Seite 118

(3) Chodorkowskijs Erben
aus Handelsblatt Nr. 060 vom 26.03.07 Seite 10

(4) O.V., Rosneft schwingt sich zu Russlands größtem Ölkonzern auf, Financial Times Deutschland, 03.05.2007
aus Handelsblatt Nr. 060 vom 26.03.07 Seite 10

(5) Russneft droht die Verstaatlichung Hohe Steuernachforderung - Parallelen zum Auftakt der Yukos-Zerschlagung
aus Börsen-Zeitung, 16.06.2007, Nummer 113, Seite 12

(6) AMERIKA Venezuela übernimmt Kontrolle über Erdölindustrie
aus Erdöl Erdgas Kohle, Heft 6/2007, S. 260

(7) Lachmann, Jennifer / Eder, Florian, Eni kauft Energieressourcen in Serie, Financial Times Deutschland, 02.05.2007
aus Erdöl Erdgas Kohle, Heft 6/2007, S. 260

(8) Bolivien verstaatlicht Erdöl und Erdgas
aus Süddeutsche Zeitung, 25.04.2007, Ausgabe Deutschland, S. 23

(9) Iran setzt auf Privatisierungen
aus Handelsblatt Nr. 116 vom 20.06.07 Seite 7

(10) In Mexiko wird das Öl knapp
aus Handelsblatt Nr. 066 vom 03.04.07 Seite 12

Impressum

Mineralölindustrie - Der Staat mischt mit im Ölgeschäft

Bibliografische Information der deutschen Nationalbibliothek

Die Deutsche Nationalbibliothek verzeichnet diese Publikation in der deutschen Nationalbibliografie; detaillierte bibliografische Daten sind im Internet über http://dnb.d-nb.de abrufbar.

ISBN: 978-3-7379-2343-9

© 2015 GBI-Genios Deutsche Wirtschaftsdatenbank GmbH, Freischützstraße 96, 81927 München, www.genios.de

Alle Rechte vorbehalten. Dieses Werk ist einschließlich aller seiner Teile – z.B. Texte, Tabellen und Grafiken - urheberrechtlich geschützt. Jede Verwertung außerhalb der Grenzen des Urheberrechtsgesetzes bedarf der vorherigen Zustimmung des Verlags. Dies gilt insbesondere auch für auszugsweise Nachdrucke, fotomechanische Vervielfältigungen (Fotokopie/Mikroskopie), Übersetzungen, Auswertungen durch Datenbanken oder ähnliche Einrichtungen und die Einspeicherung und Verarbeitung in elektronischen Systemen.